¿Quién fue

Rob

WITHDRAWN

¿Quién fue
Robert E. Lee?

Bonnie Bader

Ilustraciones de John O'Brien

loqueleo

SANTILLANA USA

A David, un verdadero luchador.
B.B.
*Para mis compañeros de guardia en la patrulla
de North Wildwood Beach.*
J.O.

loqueleo

Título original: *Who Was Robert E. Lee?*
© Del texto: 2014, Bonnie Bader
© De las ilustraciones: 2014, John O'Brien
© De la ilustración de portada: 2014, Nancy Harrison
Todos los derechos reservados.

Publicado en español con la autorización de Grosset & Dunlap,
una división de Penguin Group

© De esta edición:
2015, Santillana USA Publishing Company, Inc.
2023 NW 84th Avenue
Miami, FL 33122, USA
www.santillanausa.com

Dirección editorial: Isabel C. Mendoza
Cuidado de la edición: Ana I. Antón
Coordinación de montaje: Claudia Baca
Servicios editoriales de traducción por Cambridge BrickHouse, Inc.
www.cambridgebh.com

Loqueleo es un sello de **Santillana**. Estas son sus sedes:
ARGENTINA, BOLIVIA, BRASIL, CHILE, COLOMBIA, COSTA RICA, ECUADOR, EL SALVADOR,
ESPAÑA, ESTADOS UNIDOS, GUATEMALA, MÉXICO, PANAMÁ, PARAGUAY, PERÚ, PORTUGAL,
PUERTO RICO, REPÚBLICA DOMINICANA, URUGUAY Y VENEZUELA.

¿Quién fue Robert E. Lee?
ISBN: 978-1-631-13428-9

Published in the United States of America
Printed by Thomson-Shore, Inc.

20 19 18 17 16 15   1 2 3 4 5 6 7 8 9 10

Índice

¿Quién fue Robert E. Lee?............................. 1

Lecciones aprendidas....................................... 4

West Point... 13

Amor y guerra... 27

De vuelta a West Point 39

Una decisión difícil 49

La lucha comienza... 57

Un gran líder.. 66

Un combatiente hasta el final 78

Los últimos años 95

Líneas cronológicas....................................... 104

¿Quién fue Robert E. Lee?

Robert Edward Lee nació el 19 de enero de 1807, en el condado de Westmoreland, Virginia. El padre de Robert fue Henry Lee. Su apodo era Harry Caballo Ligero. En la Guerra de Independencia, él estuvo a cargo de las tropas de caballería. Fue un comba-

HENRY LEE

tiente arriesgado y valiente; un héroe. También fue un gran amigo de George Washington.

Los Lee de Virginia eran famosos en todo Estados Unidos. Como Henry Lee, muchos de ellos

habían luchado en la Guerra de Independencia. Dos primos de Robert estaban entre los que firmaron la Declaración de Independencia.

Robert creció sintiendo un gran amor por su país. Sin embargo, en 1861, el país que tanto admiraba fue separado por el inicio de la Guerra Civil. Robert estaba destrozado. Quería que el país permaneciera unido. No quería que el Sur se separara de Estados Unidos y formara otro país. Pero eso fue lo que sucedió.

Cuando le pidieron liderar las tropas del Norte en contra del Sur, Robert E. Lee se sintió peor todavía. ¿Cómo podría ir a la guerra en contra de sus amigos y su familia en Virginia? Era una decisión difícil. Robert pensó en la lealtad y el honor. Al final, decidió luchar en contra del país que sus antepasados ayudaron a crear. Para Robert, lo más importante eran su familia y su hogar: Virginia.

Capítulo 1
Lecciones aprendidas

Henry Lee se casó con Ann Hill Carter el 18 de junio de 1793. Hacían una buena pareja. Ann era joven y rica. Su familia poseía muchas tierras cerca de Richmond, Virginia. Henry era el gobernador de Virginia.

Ann crió a los hijos del primer matrimonio de Henry y tuvo con él seis hijos. Robert fue su quinto hijo. Llevaba el nombre de los hermanos favoritos de Ann: Robert y Edward.

La familia vivía en una enorme casa de ladrillo llamada Stratford Hall, rodeada por miles de acres de tierra.

Cuando Robert nació, en 1807, Harry Caballo Ligero ya no era considerado un héroe. Era un apostador. De hecho, fue a la cárcel porque le debía dinero a otras personas. No había suficiente dinero para mantener la plantación.

VIDA EN LA PLANTACIÓN

LOS BLANCOS ADINERADOS DEL SUR VIVÍAN EN GRANDES HACIENDAS, LLAMADAS PLANTACIONES, DONDE SE CULTIVABAN PLANTAS COMO EL ALGODÓN Y EL TABACO. LA GRAN MAYORÍA DE LOS TRABAJADORES DE ESAS PLANTACIONES ERAN ESCLAVOS, NACIDOS EN ÁFRICA O DESCENDIENTES DE PERSONAS TRAÍDAS DE ALLÍ. ESTOS ESCLAVOS ERAN FORZADOS A TRABAJAR A CAMBIO DE NADA DESDE EL AMANECER HASTA EL ANOCHECER. NO TENÍAN DERECHOS. Y LOS DUEÑOS DE LAS PLANTACIONES SE HACÍAN CADA VEZ MÁS RICOS.

Cuando Henry salió de la cárcel, Ann decidió que la familia debería mudarse de Stratford. Ella empacó las pertenencias de la familia y se mudaron a Alexandria, Virginia. Dos años después, Henry Lee fue herido durante un disturbio político en Baltimore, Maryland. Un año después, decidió irse solo a las Indias Occidentales para recuperarse de sus lesiones y tratar de hacer dinero. Pero nunca volvió a casa. El 25 de marzo de 1818, Henry murió.

SAGRADO
EN MEMORIA DEL
GENERAL HENRY LEE,
DE VIRGINIA

29 DE ENERO DE 1756 –
25 DE MARZO DE 1818

Robert tenía once años en ese momento y era el hombre de la casa. Sus dos hermanos mayores habían dejado la casa para hacer su vida. Dependía de Robert el cuidado de su madre, que era una mujer enfermiza, y el de sus dos hermanas.

Robert amó a su madre y ella le enseñó a respetar a los demás y a amar a su país. También le enseñó a ser paciente y a administrar bien el dinero. Pero sobre todo, le enseñó a tener fe en Dios.

En cuanto a su educación, Robert asistió primero a una escuela para niños que la familia de su madre había fundado. Le gustaba aprender y era un buen estudiante, ¡aunque a veces sus profesores pensaban que era muy testarudo!

A la edad de trece años, Robert era un estudiante de William B. Leary. Más tarde asistió a la escuela de Benjamin Hallowell, en Alexandria. Robert causaba muy buena impresión en sus profesores. Nunca reprobaba un examen. Seguía todas las reglas y siempre respetaba a sus profesores y a sus compañeros.

Pronto Robert tuvo que elegir una carrera. Pero ¿qué podría hacer? No tenía una plantación para administrar y su madre no podía darse el lujo de enviarlo a la universidad. Hacerse soldado parecía la mejor opción.

En 1823, Robert solicitó su admisión en la Academia Militar West Point, en Nueva York. Allí se entrenaban hombres jóvenes para convertirse en

soldados. Era la mejor escuela militar del país y ¡era gratis!

Entrar en West Point no fue fácil. Pero Robert fue recomendado por personas importantes que dijeron que Robert era un joven bueno y virtuoso.

Por fin, llegó una carta. La buena noticia era que Robert había sido aceptado en West Point. La mala noticia era que no había cupos disponibles. Robert tuvo que esperar un año para empezar.

Por fortuna, su madre le había enseñado a ser paciente. Si tenía que esperar un año, lo haría.

Capítulo 2
West Point

En junio de 1825, Robert se despidió de sus hermanos y de su amada madre. "¿Cómo podré vivir sin Robert?", dijo ella después de que él se fue. "Él es como un hijo y una hija para mí".

Robert tomó un tren desde Virginia hasta Nueva York. Después abordó un buque de vapor que lo llevó por el río Hudson hasta West Point.

A Robert y a los otros jóvenes que entraron a West Point los llamaban cadetes. La vida de un cadete era difícil. Al principio vivieron en tiendas de campaña con vista al Hudson. Todos los días se levantaban a las cinco y media de la mañana para comenzar un día repleto de clases.

Los cadetes estudiaban ciencias y matemáticas. También aprendían francés, ya que muchos artículos y libros militares importantes estaban escritos en ese idioma. Además, aprendían a dibujar. ¿Por qué? Para que fueran capaces de hacer mapas que les sirvieran para planificar batallas.

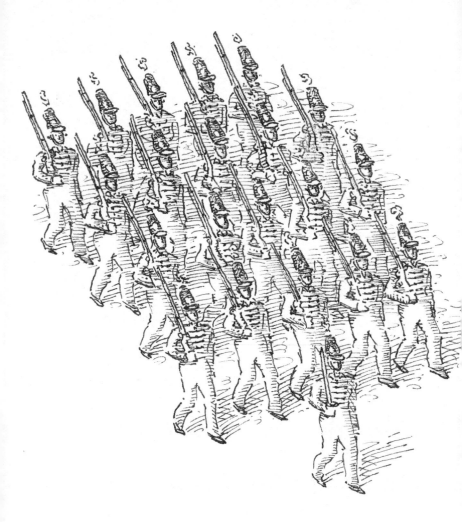

Cuando los cadetes no estaban en clases, estudiando o tomando exámenes, hacían ejercicios militares. ¡Eso significaba muchas marchas! La comida era básica: carne, papas hervidas, pan y mantequilla. La hora de dormir era a las diez. Después de vivir en tiendas de campaña por unos meses, los cadetes se mudaban a fríos edificios de piedra llamados cuarteles. Allí dormían en colchones sobre el piso.

Los jóvenes tenían poco tiempo libre y solo dos días de descanso: Navidad y Año Nuevo. Había muchas reglas. Si un cadete rompía una regla, recibía una sanción. Tener muchas sanciones significaba la expulsión de la escuela. Algunas de las reglas eran no beber, no fumar, no jugar cartas y no leer novelas u obras de teatro. Pero para Robert, la regla más dura era que no podría salir de West Point por dos años. No podría ir a casa a ver a su madre.

Robert era tan trabajador y obediente que sus compañeros de clase lo llamaron "el modelo de mármol". Se entiende por esto que se veía tan perfecto como una estatua de mármol. Después del primer año, Robert fue nombrado cadete sargento. Esto fue un honor increíble. Y después de su segundo año, como premio por su excelente desempeño, le dieron autorización para que visitara a su familia.

Tristemente, la salud de Ann había empeorado. A pesar de eso, ella estaba lo suficientemente bien como para acompañar a su guapo hijo a visitar a los familiares en Virginia.

Con sus cinco pies y diez pulgadas, Robert era alto para un hombre de su época. Y con sus ojos marrones y cabello oscuro, atrajo la atención de

MARY ANNE
RANDOLPH CUSTIS

muchas jóvenes. Una de ellas fue su prima Mary Anne Randolph Custis. Robert y Mary habían sido compañeros de juegos cuando eran niños.

Mary era la bisnieta de Martha Washington, la esposa de George Washington, el primer presidente de Estados Unidos. La familia de Mary vivía en la Casa Arlington, ubicada en una hermosa plantación. Tenían esclavos que cultivaban la tierra.

CASA ARLINGTON

Pronto, la visita de Robert a Arlington terminó.
Había llegado el momento de regresar a West Point.

OPINIONES DE ROBERT E. LEE
SOBRE LA ESCLAVITUD

ROBERT CRECIÓ CON ESCLAVOS QUE TRABAJABAN LA TIERRA DE SU FAMILIA. ALGUNOS HISTORIADORES DICEN QUE ROBERT ESTUVO EN CONTRA DE LA ESCLAVITUD Y QUE POR ESTO CONSIDERÓ LUCHAR DEL LADO DEL NORTE DURANTE LA GUERRA CIVIL. SIN EMBARGO, OTROS HISTORIADORES DICEN QUE ROBERT NO SE OPUSO A LA ESCLAVITUD. UN HISTORIADOR DESCUBRIÓ CARTAS ESCRITAS POR ROBERT EN LAS QUE DECÍA QUE VEÍA A LOS ESCLAVOS COMO UNA PROPIEDAD, QUE ELLOS Y SU TRABAJO LE PERTENECÍAN. ROBERT PENSABA QUE EL ÚNICO QUE PODÍA DECIDIR SOBRE LA LIBERTAD DE LOS ESCLAVOS ERA DIOS.

Robert trabajó con esmero durante los dos años siguientes. En 1829, se graduó como el segundo mejor de su clase en West Point, y sin ninguna sanción.

Todos los graduados de West Point deben prestar servicio en el Ejército de Estados Unidos. Robert decidió alistarse en el Cuerpo de Ingenieros. Como ingeniero, el teniente segundo Lee ayudaría a construir puentes, caminos y vías férreas en Estados Unidos. Estaba ansioso por empezar a trabajar. Pero primero, quiso ir a casa para ver a su madre.

Capítulo 3
Amor y guerra

Solo un mes después de que Robert regresara a casa, su amada madre murió. Fue el 26 de julio de 1829. Lo que debería haber sido un reencuentro feliz se convirtió en un momento de mucho dolor. Ann Hill Carter Lee tenía 56 años.

Robert visitó varias veces a Mary Custis en Alexandria. Él disfrutaba de la compañía de Mary. Ella no era bonita y no vestía bien, pero era encantadora, inteligente y muy interesante. Con el tiempo, los dos se enamoraron.

En agosto, Robert recibió órdenes de presentarse en la isla Cockspur, en Georgia, a mediados

de noviembre. Su trabajo consistía en diseñar y ayudar a construir los cimientos de un fuerte, el Fuerte Pulaski, en una isla pantanosa y aislada. El trabajo fue duro y sucio. Día tras día, Robert caminaba entre el fango para revisar el área y dibujar los detalles de la construcción. Tenía frío, estaba mojado y cansado. Pero quiso hacer un buen

trabajo en el proyecto. El comandante a cargo estaba impresionado con su determinación y sentido del deber.

En cada oportunidad que tenía, Robert visitaba a Mary en Virginia. En una de las visitas, le pidió que se casara con él. Ella aceptó. Como su padre, Robert se casó con alguien de una familia muy rica e importante.

El 30 de junio de 1831, Robert y Mary se casaron en la Casa Arlington. Mary se mudó con Robert al Fuerte Monroe, Virginia, donde en ese momento trabajaba como ingeniero. Pero a Mary no le gustaba vivir allí. Extrañaba su casa grande y hermosa. Después de que Mary dio a luz a su primer hijo, Robert la envió de vuelta a la Casa Arlington.

El 16 de septiembre de 1832, nació George Washington Custis Lee. Él fue el primero de los siete hijos que tuvieron Robert y Mary: Mary Custis Lee, nacida el 12 de julio de 1835; William Henry Fitzhugh Lee, nacido el 31 de mayo de 1837; Anne Carter Lee, nacida el 1 de julio de 1839; Eleanor Agnes Lee, nacida el 27 de febrero de 1841; Robert E. Lee Jr., nacido el 27 de octubre de 1843; y Mildred Childe Lee, nacida el 10 de febrero de 1846.

Debido a su trabajo en el ejército, Robert estaba lejos de su familia durante mucho tiempo. Él supervisaba las construcciones y mejoras de muchos de los fuertes de Estados Unidos.

Los fuertes eran importantes porque protegían a la población estadounidense que estaba colonizando nuevas tierras hacia el oeste. En ese momento, mucha gente le temía a los ataques de los indígenas. Robert viajaba a lugares como el Fuerte Calhoun, que estaba en las tierras que más tarde se convertirían en Nebraska; al Fuerte Hamilton en Nueva York; y al Fuerte Macon en Carolina del Norte. También trabajó en la construcción de muelles y vías fluviales en lugares como St. Louis, Missouri. Pero Robert a menudo estaba aburrido y sentía que el papeleo de su trabajo ¡era absolutamente frustrante!

Separarse de su familia era duro para Robert. Algunas veces Mary y los niños iban con él a sus trabajos. Otras veces se quedaban en casa. Robert fue un padre bueno y amoroso. Aplicó un estricto código de comportamiento, un código que ¡ninguno de los niños se atrevía a desobedecer! Pero también le gustaba jugar y bromear con sus hijos

y les ponía apodos divertidos. George era "Boo",
Mary era "Hija", Eleonor era "Peluca", Robert Jr.
era "Brutus" y Mildred era "Vida Preciosa".

El 13 de mayo de 1846, pocos meses después del nacimiento del último hijo de Robert, Estados Unidos le declaró la guerra a México. Robert había sido soldado por diecisiete años, pero ahora, por primera vez, iba a ir a la guerra.

El primer puesto de Robert fue con el equipo de ingenieros en Texas. Su trabajo estaba relacionado con lo que había hecho por mucho tiempo. Ayudó a construir y a reparar puentes y caminos en Texas, ¡seiscientas millas en total!

Después, el general de división Winfield Scott, uno de los comandantes del Ejército de Estados Unidos, le pidió a Robert que fuera explorador. El trabajo de explorador era descubrir la mejor ruta para que las tropas alcanzaran al enemigo y atacaran.

GENERAL DE DIVISIÓN
WINFIELD SCOTT

Algunas veces explorar significaba estar muy cerca de las líneas enemigas. ¡Robert tuvo que ser muy cuidadoso para que no lo atraparan!

En una ocasión, el general Scott ideó un plan para sorprender a las tropas mexicanas con un ataque. Por esta razón, envió a Robert adelante, para que viera cuál sería la mejor ruta a tomar.

Robert salió y encontró un camino hacia el enemigo. De pronto, ¡escuchó voces en español! Rápidamente se escondió detrás de un tronco y se cubrió con arbustos. Podía escuchar a los

LA GUERRA MÉXICO-ESTADOS UNIDOS

EN 1845, TEXAS SE CONVIRTIÓ EN EL ESTADO NÚMERO VEINTIOCHO. ANTERIORMENTE, PARTES DE TEXAS PERTENECÍAN A MÉXICO, Y MÉXICO NO QUISO RENUNCIAR AL CONTROL DE LA TIERRA. EL RESULTADO FUE LA GUERRA.

TROPAS ESTADOUNIDENSES MARCHARON HACIA MÉXICO. EL 29 DE MARZO DE 1847, LAS TROPAS DEL GENERAL DE DIVISIÓN ESTADOUNIDENSE WINFIELD SCOTT TOMARON VERACRUZ. LUEGO FUERON A LA CIUDAD DE MÉXICO. UNA VEZ QUE LA CIUDAD FUE TOMADA, LA LUCHA TERMINÓ.

EL 2 DE FEBRERO DE 1848, LOS DOS BANDOS FIRMARON EL TRATADO DE GUADALUPE. EN ESTE TRATADO, MÉXICO RENUNCIABA A TEXAS, CALIFORNIA, UTAH Y NEVADA, ASÍ COMO A PARTES DE ARIZONA, NUEVO MÉXICO, WYOMING Y COLORADO. POR TODO ESTO, ESTADOS UNIDOS LE PAGÓ A MÉXICO QUINCE MILLONES DE DÓLARES.

mexicanos acercándose más y más. Alguien se paró justo encima del tronco donde estaba escondido.

Robert permaneció en calma y sin moverse hasta que los mexicanos se fueron. Luego regresó a su campamento. El general Scott estaba agradecido con las noticias que traía Robert. Ordenó a sus soldados avanzar y atacar.

Durante su servicio en la guerra México–Estados Unidos, Robert demostró que era inteligente, fuerte, leal y valiente. Sus comandantes tomaron nota. Vieron que Robert E. Lee era alguien para tener en cuenta, un futuro líder.

Capítulo 4
De vuelta a West Point

Al terminar la guerra México–Estados Unidos, Robert volvió a la Casa Arlington. Había estado fuera de casa por casi dos años. Aunque solo tenía 41 años, su cara estaba llena de arrugas y su cabello se estaba poniendo gris. Los niños lo miraban fijamente; este no era el padre que ellos recordaban.

Eran felices porque estaban juntos otra vez. El 3 de julio de 1848, a Robert le dieron un trabajo en Washington, D.C. El capitolio estaba a unas cuantas millas de distancia. Tenía que redibujar los mapas para incluir el territorio ganado en la guerra México–Estados Unidos. Durante los próximos años, Robert pudo trabajar cerca de su casa.

Cuando su hijo mayor estaba empezando su tercer año en West Point, Robert recibió una sorprendente oferta de trabajo. ¡Le pidieron ser el director de West Point! Robert no estaba seguro de ser el hombre adecuado para ese cargo. ¡Las personas de West Point tenían más confianza en Robert que Robert en sí mismo!

Al final, Robert aceptó el trabajo. Los Lee se mudaron a West Point. Allí estarían los siguientes tres años. Tan pronto como Robert llegó, vio los cambios que necesitaban hacer. Los cadetes no estaban recibiendo las clases adecuadas, no habían suficientes caballos para que los estudiantes montaran y los edificios estaban deteriorados. Robert trabajó muy duro para arreglar todo eso.

Al terminar su tiempo en West Point, se había progresado mucho. La mayor recompensa para

Robert fue el tiempo que pasó con los estudiantes. Cada semana invitaba a algunos de ellos a cenar en su casa. Él fue un gran modelo para los cadetes.

Su hijo Custis se graduó en West Point como el mejor de su clase. Siguiendo los pasos de su padre, consiguió un trabajo en el Cuerpo de Ingenieros.

En marzo de 1855, el tiempo de Robert en West Point terminó y le encargaron una nueva misión: teniente coronel de la Segunda Caballería en Camp Cooper, Texas. Su trabajo era mantener los asentamientos en el nuevo estado a salvo de los ataques de los indígenas apaches y comanches. Robert no era feliz viviendo en Texas. Hacía calor y había mucho polvo. Y, una vez más, estaba lejos de su familia. Pero, como siempre, cumplió con su deber.

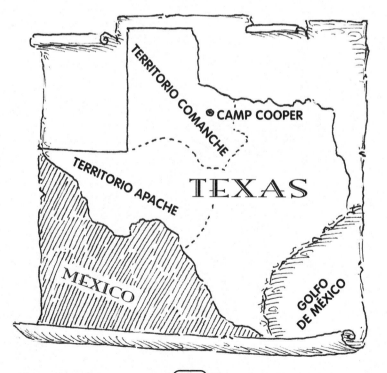

Luego, en 1857, una noticia llegó de casa: el padre de Mary había muerto. Robert se apresuró para volver a la Casa Arlington. Cuando llegó allí, descubrió que Mary estaba enferma, muy enferma. No podía caminar. Tenía que usar una silla de ruedas.

Robert tomó una licencia del ejército. No solo tuvo que cuidar a su esposa enferma, sino también la casa de su suegro. Ahora estaba a cargo de los esclavos que trabajaban allí.

El problema de la esclavitud había dividido a los estadounidenses desde que los Padres Fundadores escribieron la Constitución y crearon el gobierno de Estados Unidos. Hubo debates acalorados en el Congreso y también entre los ciudadanos sobre qué hacer con la esclavitud. Aquellos que querían terminar con la esclavitud eran llamados abolicionistas. (Abolir significa acabar con algo).

John Brown, un predicador de Connecticut, era un feroz abolicionista. A medida que envejecía, sus ideas de cómo terminar con la esclavitud eran más y más radicales. Brown creía que la esclavitud era tan terrible que no estaba mal utilizar la violencia para acabarla. En 1856, John Brown y su hijos asesinaron a cinco hombres blancos proesclavistas en Kansas. A partir de ese momento, pasó a ser un hombre buscado por la justicia.

Brown creía que cientos de esclavos se unirían a él en una rebelión contra los dueños blancos. Los esclavos necesitarían armas. Por esta razón, el 16 de octubre de 1859, John Brown junto a un grupo de veintiún hombres, incluidos dos de sus hijos, ocuparon una armería

JOHN BROWN

en Harpers Ferry, Virginia, y tomaron rehenes. Una armería es un lugar donde se almacenan armas.

Miembros de la milicia local de Virginia pronto rodearon la armería. Exigieron que John Brown se rindiera y liberara a los rehenes. John Brown se negó y movió a los rehenes a un pequeño depósito al lado de la armería.

¿Qué podían hacer?

Le enviaron una orden al teniente coronel Robert E. Lee, quien estaba de licencia cerca, en Virginia. Robert tuvo que hacerse cargo de la situación. Bajo su mando, la milicia y los soldados de infantería de marina de Estados Unidos irrumpieron en el depósito de Harpers Ferry. Mataron a diez hombres de John Brown y arrestaron a otros siete, incluido John Brown, a quien luego colgaron por su crimen. En el Sur, Robert E. Lee fue visto como un héroe.

Pero en el Norte, muchos consideraron a John Brown un héroe. Algunos historiadores van un poco más lejos al decir que esta pequeña rebelión inició la Guerra Civil. Una vez que se comenzó a derramar sangre por cuenta de la esclavitud, no hubo ya quien la detuviera.

Capítulo 5
Una decisión difícil

Robert tenía 54 años en 1861. Había tenido muchos éxitos en su vida. Quien lo conocía lo amaba, desde su esposa e hijos hasta los hombres con quienes sirvió en la guerra México-Estados Unidos y los estudiantes de West Point. Era inteligente, valiente y respetado. Todo lo que hizo, lo hizo bien. La gente lo admiraba. En tiempos difíciles, buscaban sus consejos.

Una pregunta que él tenía dificultad en responder era si Estados Unidos debería seguir siendo un solo país. El problema de la esclavitud estaba dividiendo al Norte y al Sur. Estados Unidos tenía un nuevo presidente: Abraham Lincoln. Y este estaba firmemente en contra de la esclavitud.

Virginia, el estado natal de Robert, y muchos otros estados del Sur estaban amenazando con

ABRAHAM LINCOLN

separarse de Estados Unidos. Ellos crearían su propio país donde la esclavitud continuaría sin la interferencia del Norte. Robert sabía que esta secesión los llevaría a la guerra. Lincoln no permitiría que Estados Unidos se dividiera. El 23 de enero de 1861, Robert escribió: "Yo no puedo anticipar una calamidad más grande para el país que la disolución de la Unión… y yo estoy dispuesto a sacrificar todo, menos el honor, para su preservación".

Tres semanas después de que esa carta fuera escrita, le pidieron a Robert que se presentara ante Winfield Scott, en Washington. En marzo, los dos hombres se reunieron y hablaron durante tres horas. Es probable que hablaran de la conmoción que el país estaba enfrentando. Un poco después, a solicitud de Abraham Lincoln, a Robert se le pidió que liderara un ejército de la Unión. Esto significaría luchar en contra del Sur. Robert estaba confundido. Claramente, tenía mucho en qué pensar. Pasó tiempo con su familia en Arlington. Oró y pasó en vela muchas noches, caminando por toda la casa.

Al final, Robert tomó una decisión: renunciaría al Ejército de Estados Unidos, donde había prestado servicio durante treinta años. Aunque dijo que nunca iba a tomar las armas en contra de la Unión, su corazón estaba con Virginia y tenía que defender su hogar.

Así que Robert se convirtió en ciudadano del nuevo gobierno formado por los estados en secesión, los Estados Confederados de América. Jefferson Davis, que anteriormente había sido senador por el estado de Missississippi, se convirtió en el presidente. Muchas personas se sorprendieron con la decisión de Robert, especialmente en el Norte. Algunos lo llamaron traidor.

JEFFERSON DAVIS

Como hombre de honor, y de Virginia, Robert sintió que no tenía otra opción. En una carta a su hermana, Ann Lee Marshall, escribió: "Con toda mi devoción por la Unión y el sentimiento de lealtad y compromiso de un ciudadano estadounidense, no he sido capaz de decidir levantar mi mano en contra de mis familiares, mis hijos, mi hogar".

Lincoln sabía que no había forma de evitar la guerra que se avecinaba. Sin embargo, Lincoln no quería que el Norte empezara la lucha. En Carolina del Sur había un fuerte, el Fuerte Sumter, que alojaba soldados del Norte. El 12 de abril de 1861, los sureños atacaron el fuerte y las tropas del Norte fueron obligadas a rendirse. ¡La Guerra Civil había comenzado!

Muchos confederados pensaban que la guerra terminaría rápidamente con una victoria del Sur. Robert pensaba de forma diferente. Sabía que el Norte era fuerte, tenía más dinero, más armas y suministros, y más hombres para formar un ejército. Esta sería una larga y terrible guerra.

FUERTE SUMTER

El 22 de abril de 1861, Robert dejó su hogar en Arlington y montó su caballo hasta Richmond. Allí, el gobernador de Virginia le solicitó a Robert liderar el ejército y la armada de Virginia. Robert aceptó.

Robert tenía una enorme tarea frente a él: organizar a su estado para la guerra. Llamó a soldados voluntarios. Los hombres se presentaron con entusiasmo ante el deber. Pero aquellos hombres no eran el tipo de soldado con el que Robert había luchado en México o había entrenado en West Point. No.

Estos eran personas normales. Granjeros y vecinos. Algunos querían luchar para proteger a sus familiares y a sus hogares; otros estaban buscando aventuras. Todos ellos estaban mal preparados para la guerra.

Capítulo 6
La guerra comienza

Para mayo de 1861, Robert había sido ascendido a brigadier general del ejército Confederado. En los primeros meses de la guerra, sirvió como consejero de Jefferson Davis. Robert rápidamente demostró su talento para entender cómo ganar batallas.

El 21 de julio les llegó la noticia de que la primera gran batalla había estallado cerca del Cruce de Manassas, Virginia. La batalla, conocida como la primera batalla de Bull Run, duró cinco horas. Al principio parecía que las tropas de la Unión iban a ganar, pero Robert les ordenó a tropas adicionales del Sur que fueran al campo de batalla. Con los refuerzos, los confederados pudieron ganar.

Planificar la estrategia de batalla no era lo mismo que estar en medio del combate. Robert no era feliz

manteniéndose al margen. Le escribió a su esposa:
"Yo deseaba participar en... la batalla, y estoy mor-
tificado por mi ausencia".

Después, en septiembre, Robert no solo planeó
sino que comandó su primera batalla. Esto fue
en la montaña Cheat, en Virginia Occidental. El
plan de Robert era que tres unidades diferentes de
los confederados rodearan la montaña y atacaran
al ejército de la Unión al mismo tiempo. Este era

un inteligente plan de batalla. La niebla bajó sobre la montaña y llovió. Los confederados no estaban familiarizados con el terreno rocoso. A pesar de todo, avanzaron. Pero después el comandante de la primera unidad decidió no seguir el plan de Robert y no atacó.

Fue una mala decisión. Los confederados termi-
naron perdiendo la batalla.

En artículos publicados sobre la batalla, Robert fue culpado injustamente; lo llamaban "la abuelita Lee". Dijeron que estaba muy asustado para atacar.

Fueron momentos difíciles para Robert, que se sintió avergonzado. Además, las condiciones para los soldados eran malas. El tiempo se estaba poniendo más frío, llovía y no había carpas. Muchos hombres no tenían abrigos. Robert tenía un abrigo y una carpa, y a pesar de eso, no podía dormir en las noches sabiendo que sus hombres estaban temblando de frío.

Las tropas de la Unión todavía estaban al otro lado de la montaña. Una vez más, Robert lanzó un ataque. Pero este también fracasó.

Robert estaba "cargando el gran peso de la derrota", escribió Jefferson Davis. "Y despreciado por la gente a quien él sirvió, porque ellos no pudieron saber, como lo sabía yo, que si sus planes y órdenes se hubieran cumplido, el resultado hubiera sido la victoria en lugar de la derrota".

La siguiente tarea de Robert fue proteger la línea

costera a lo largo de Carolina del Sur, Georgia y Florida.

Robert hizo lo que mejor sabía hacer de sus años como ingeniero: supervisó la construcción de fuertes a lo largo de la línea costera. Armas poderosas

fueron colocadas en posición de ataque, listas para enfrentar al ejército de la Unión en caso de que los asaltaran.

Era la Navidad de 1861, y Robert estaba una vez más lejos de sus seres queridos. En el pasado, Robert se consolaba sabiendo que el resto de su familia estaría reunida en su hermosa casa de Arlington. Pero no este año. El ejército de la Unión había ocupado la casa de los Lee. Mary, enferma de artritis, y sus cuatro hijas se quedaban en varias plantaciones que pertenecían a distintos familiares, tratando de encontrar un hogar permanente.

Fueron tiempos difíciles en la vida de Robert. Hasta ese momento, había demostrado que él era mejor detrás de la escena que en el campo de batalla. Pero anhelaba luchar para ayudar al Sur a ganar la guerra, aun cuando esta era una guerra en la que él no había creído.

Capítulo 7
Un gran líder

La guerra no iba bien para los confederados. Los soldados de la Unión estaban amenazando los fuertes del Sur en la costa este. Más hacia el oeste, los confederados perdieron batallas en Tennessee y en Kentucky.

Una vez más, Robert fue retirado del campo de batalla para servir como consejero del presidente Davis. "Me han puesto al servicio aquí para dirigir

operaciones bajo la dirección del presidente", Robert le escribió a Mary. "Esto me dará la satisfacción de hacer cualquier cosa para aliviarlo y servir al país, pero no veo ninguna ventaja o placer en mis obligaciones. De todos modos, no me quejaré, sino que haré mi mayor esfuerzo".

Fue entonces cuando ocurrió una calamidad: el general confederado Johnston fue herido durante una batalla en Shiloh, Tennessee. ¿Quién podría tomar su lugar?

Robert E. Lee.

Se le pidió a Robert que se hiciera cargo del Ejército de Virginia del Norte en junio de 1862. Se sabía muy poco de él como combatiente. Cierto que era muy inteligente detrás del escenario, pero hasta ese momento, su historial en el campo de batalla había sido muy pobre.

Esta era la oportunidad que Robert había estado esperando. Estaba decidido a demostrarles a sus compatriotas del Sur que él podía dirigirlos en el camino hacia la victoria. Robert estableció el centro

de operaciones a dos millas de Richmond. Cuando entró, los otros oficiales quedaron impresionados por su buen aspecto. Su cabello ahora era gris y se había dejado crecer la barba. Vestido con un sencillo uniforme gris, con los pantalones metidos dentro de sus botas, Robert mostró su blanca dentadura en una amplia sonrisa. Lucía como todo un comandante general.

Lo primero que quiso hacer Robert fue asegurarse de que Richmond, la capital de los Estados Confederados, estuviera segura ante el ejército de la Unión. Ordenó a sus hombres que tomaran palas y cavaran trincheras alrededor de la ciudad. Las trincheras les servirían de refugio en caso de que el enemigo atacara.

Algunos en la Confederación no aprobaron esta medida defensiva y llamaron a Robert el "rey de las palas". ¿Por qué estaba cavando en lugar de atacar? El general unionista McClellan y su ejército estaban cada vez más cerca de Richmond.

Cuando McClellan estaba a ocho millas de Richmond, Robert reunió a sus generales. Decidieron que no podían seguir solo defendiendo la ciudad, sino que era el momento de tomar la ofensiva y atacar al ejército de la Unión.

Las batallas que siguieron fueron conocidas como las batallas de los Siete Días porque duraron una semana. La primera sucedió el 25 de junio en Oak Grove, Virginia. Durante varios días no estuvo claro qué bando obtendría la victoria. Entonces, llevando consigo alrededor de cincuenta y cuatro mil hombres, Robert atacó a los soldados de la Unión en Gaines's Mill.

Fue una batalla muy dura. Muchos hombres cayeron en el campo de batalla muertos o heridos; más de cuatro mil pertenecientes a la Unión y más de siete mil confederados. Al final, los confederados salieron victoriosos. Y Robert E. Lee fue finalmente reconocido como un luchador fuerte, un brillante y agresivo general, y un hombre dispuesto a arriesgarse.

Bajo el liderazgo de Lee, el ejército de Virginia del Norte se había convertido en una de las unidades más fuertes de la Guerra Civil. Las tropas del Norte temían y respetaban a los hombres de Lee.

Robert decidió que era el momento de avanzar más hacia el norte y adentrarse en el territorio del enemigo, en vez de pelear en el territorio del Sur. Los hombre tenían la moral en alto; ahora los soldados confederados pensaban que había una oportunidad de

GENERAL "MURO DE PIEDRA" JACKSON

GENERAL JAMES
LONGSTREET

ganar la guerra. Robert puso tres hombres a cargo de sus soldados. El general "Muro de piedra" Jackson y el general James Longstreet comandarían un grupo de soldados que lucharían a pie y usarían armas pesadas. El general James (Jeb) Stuart comandaría la caballería, los soldados a caballo.

El 30 de agosto, los confederados obtuvieron otra victoria en la segunda batalla de Bull Run.

Robert mantuvo a su ejército en movimiento. Atravesaron el río Potomac hacia Maryland, un

GENERAL JAMES
(JEB) STUART

estado esclavista que había permanecido en la Unión. Para ese entonces, los hombres ya estaban cansados. La comida escaseaba y los uniformes se estaban desgastando. Pero Robert no quería descansar. Algunos soldados desertaron; estaban muy hambrientos y asustados para seguir. Solo quedaron cincuenta y cinco mil hombres en el ejército de Virginia del Norte.

Robert decidió separar el ejército en dos grupos. Uno se quedaría cerca de Frederick, Maryland. El otro grupo sería liderado por el general Jackson hasta Harpers Ferry, Virginia. Pero los soldados del Norte encontraron una copia del plan de Robert. Esto pudo haber sido un desastre para los confederados; pero no fue así. ¿Por qué? El general de la Unión George McClellan esperó demasiado tiempo

para atacar. Su error le dio al ejército confederado más tiempo para prepararse.

Cuando salió el sol en la mañana del 17 de septiembre, McClellan envió parte de sus soldados hacia el flanco izquierdo del ejército confederado. Más tarde envió soldados hacia el flanco derecho. Con este plan, MacClellan esperaba dejar desprotegido al centro para el ataque. Los soldados de McClellan atacaron.

Montado en Traveller, su caballo, Robert observó la batalla desde la cima de una colina. Nubes del humo blanco de los cañones cubrían el campo de batalla. La caballería y la infantería atacaron al ejército del Norte. Robert estaba orgulloso. Sus tropas

luchaban fieramente. Eran valientes y trabajaban como un equipo, algo que los hombres de McClellan no hacían. Al final de la batalla, conocida como la batalla de Antietam, Robert perdió 2,700 hombres. Otros 9,024 estaban heridos y 2,000 fueron capturados o estaban desaparecidos. El ejército del Norte tuvo grandes pérdidas también. En total, alrededor de 22,000 hombres murieron o desaparecieron. Fue el día más sangriento de la Guerra Civil hasta ese momento.

Cuando cayó la noche, los hombres de Robert permanecieron en el campo de batalla. Querían demostrar su rudeza pero estaban cansados y hambrientos. Además, eran muy pocos para seguir luchando otro día más. Así que Robert le ordenó a su ejército volver a Virginia. Para ganar la guerra, necesitaba más hombres.

Capítulo 8
Un combatiente hasta el final

Robert trasladó el ejército de Virginia del Norte a Opequon Creek, Virginia. Quería darles a sus hombres un pequeño descanso y después volver a la batalla contra el ejército de McClellan.

Robert le pidió a Jefferson Davis que enviara comida y suministros. Sus hombres necesitaban ropa para el frío y zapatos. Davis envió lo que pudo y Robert reunió más hombres, llegando a tener en el ejército alrededor de ochenta mil soldados.

La obligación de Robert era con sus hombres. Incluso cuando su hija Anne murió en octubre, Robert ni siquiera tuvo oportunidad de estar triste. Había muchas batallas por librar.

En un esfuerzo por acelerar el fin de la guerra, el 22 de septiembre de 1862 el presidente Lincoln emitió la Proclama de Emancipación. Esta orden declaraba que todos los esclavos de los estados confederados eran libres a partir del 1 de enero de 1863. La esperanza de Lincoln era que los esclavos libertos se levantaran en contra de sus dueños y ayudaran a los soldados del Norte.

Lincoln, además, escogió a un nuevo general, Ambrose E. Burnside, para

GENERAL
AMBROSE E. BURNSIDE

reemplazar a McClellan. En la opinión de Lincoln, McClellan no luchó tan duro como lo hizo Lee.

En diciembre, un ejército de ciento veinte mil hombres de la Unión marchó hacia Fredericksburg, Virginia. Burnside bombardeó el pueblo. Las casas fueron incendiadas; la gente corría para ponerse a salvo. Al principio parecía que los soldados de la Unión tomarían Fredericksburg pero después el curso de la batalla cambió. Desde su puesto de mando en una colina, Robert observó miles de hombres, sus hombres, con uniformes grises,

avanzar impetuosamente sobre los soldados de la Unión que estaban atacando la colina.

Al final, el ejército de Robert expulsó de Fredericksburg a los soldados de la Unión. Pero no fue una victoria para Robert. Él le escribió a Mary: "[El enemigo] se fue como vino, durante la noche. Sufrieron en la medida en que duró la batalla, pero no duró lo suficiente como para satisfacerme".

En enero de 1863, el general Burnside comenzó a mover sus tropas hacia Fredericksburg otra vez. Pero los caminos estaban cubiertos de barro, y no pudieron pasar. Robert sabía que ellos no avanzarían hasta que los caminos estuvieran buenos, en la primavera.

Ambos bandos tuvieron que esperar a que el invierno pasara. El tiempo fue inclemente para Robert y sus hombres. En Virginia las vías férreas estaban tan desgastadas que era muy difícil hacer llegar los suministros al ejército. No había suficiente comida para los hombres y los caballos. También había escasez de suministros para la artillería.

En abril Robert contrajo una fuerte gripe. Tenía dolor en el pecho y fiebre. Su cuerpo estaba adolorido. Los doctores le dijeron que descansara, pero no tenía mucho tiempo para recuperarse. Las tropas del Norte estaban en movimiento.

Entonces tuvo lugar la batalla de Chancellorsville. Aunque fue una victoria para los confederados, Robert sufrió una gran pérdida, militar y personal. Su mejor combatiente, el general Jackson, recibió

un disparo de forma accidental de parte de uno de sus hombres, durante la batalla. Robert, quien no estuvo en el campo de batalla en ese momento, le escribió diciéndole: "Acabo de recibir tu nota informándome que fuiste herido. No tengo palabras para expresar mi pesar por lo ocurrido. Si pudiera haber dirigido yo los acontecimientos, hubiera escogido, por el bien del país, haber quedado discapacitado yo en tu lugar". Una semana después, "Muro de piedra" Jackson murió.

En junio, Robert decidió una vez más tratar de tomar el control del Norte. Las tropas confederadas cruzaron el río Potomac en su camino a Pensilvania. Los hombres de Robert estaban hambrientos pero

él les prohibió que robaran comida de las tiendas y los hogares. Ellos tenían que pagar por todo lo que tomaran.

El 1 de julio, los hombres de Robert se encontraron en Gettysburg, Pensilvania, con las fuerzas de la Unión. La batalla de Gettysburg duró tres días. Al final, las tropas del Sur se vieron obligadas a retirarse hacia Virginia. Fue una gran derrota para la Confederación y para Robert. Su estrategia no había funcionado.

La batalla de Gettysburg fue el punto decisivo de la guerra. Pronto quedó claro que, a pesar de lo valientes que eran las tropas del Sur, el ejército

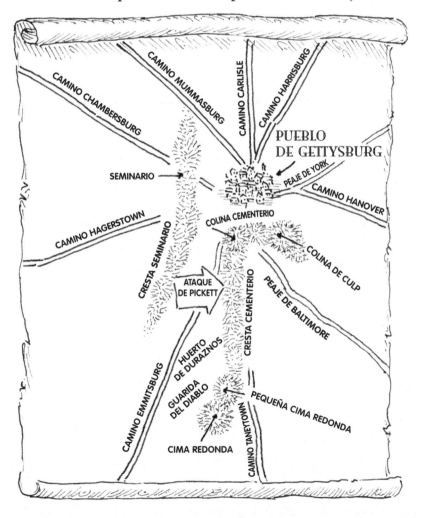

LA BATALLA DE GETTYSBURG

GEORGE PICKETT

LA BATALLA DE GETTYSBURG TUVO LUGAR EN GETTYSBURG, PENSILVANIA, Y DURÓ TRES DÍAS. EL PRIMER DÍA LOS CONFEDERADOS OBLIGARON AL EJÉRCITO DE LA UNIÓN A RETIRARSE A LA COLINA CEMENTERIO. ROBERT ORDENÓ A UNO DE SUS GENERALES SEGUIR AL EJÉRCITO DE LA UNIÓN, PERO EL GENERAL SE NEGÓ. ESTO LE DIO TIEMPO AL EJÉRCITO DE LA UNIÓN PARA FORTALECERSE CON TROPAS ADICIONALES DE MARYLAND. EL SEGUNDO DÍA, LAS ÓRDENES DE ROBERT TAMPOCO FUERON OBEDECIDAS Y EL EJÉRCITO DE LA UNIÓN MANTUVO SUS LÍNEAS. EL TERCER DÍA, EL GENERAL CONFEDERADO PICKETT Y 12,500 HOMBRES ATACARON A LOS SOLDADOS DE LA UNIÓN. ESTE ATAQUE, CONOCIDO COMO EL ATAQUE DE PICKETT, FUE UN DESASTRE, CASI UNA MISIÓN SUICIDA. LA BATALLA DE GETTYSBURG FUE LA BATALLA DE LA GUERRA CIVIL QUE MÁS MUERTOS DEJÓ. EL EJÉRCITO DE VIRGINIA DEL NORTE SUFRIÓ 28,000 BAJAS. ESTE TÉRMINO SE REFIERE A LOS SOLDADOS QUE MUEREN, RESULTAN HERIDOS O DESAPARECEN EN ACCIÓN. EL EJÉRCITO DE LA UNIÓN SUFRIÓ 23,000 BAJAS.

confederado era superado en número. La derrota era inevitable.

Robert se culpaba a sí mismo de la derrota en Gettysburg. Una vez más, comenzó a cuestionarse sus habilidades como general. ¿Era él el hombre adecuado para liderar el ejército? Además, su salud no era la mejor. Robert nunca se recuperó totalmente de la gripe y tenía artritis. Montar a Traveller era difícil y doloroso. Robert le escribió a Jefferson Davis y solicitó ser reemplazado. Pensó que un hombre más joven podría hacer un mejor trabajo. Davis se negó.

Robert trabajó más que nunca. Permanecía despierto por las noches, miraba los mapas, revisaba los planes de batalla... Sabía que tenía que continuar la lucha; este era su deber. Pero la situación se ponía cada vez peor. Los hombres estaban hambrientos. Muchos morían a causa de enfermedades y otros desertaban. Por otro lado, el ejército de la Unión se hacía cada vez más fuerte.

En marzo de 1864, vino un nuevo cambio de liderazgo. Lincoln puso a Ulysses S. Grant a cargo de todo el ejército de la Unión. Por fin el Norte tenía el general que necesitaba para derrotar al Sur. Al igual que Robert, Grant había ido a West Point y también había luchado en la guerra México–Estados Unidos. A diferencia de los anteriores generales de Lincoln, él no tenía miedo a combatir. Su objetivo era destruir al ejército de Virginia del Norte. En un telegrama a otro general, Grant resumió su estrategia: "A donde quiera que vaya Lee, usted también irá".

ULYSSES S. GRANT

ULYSSES S. GRANT NUNCA QUISO SER SOLDADO PERO SU PADRE LO ENVIÓ A WEST POINT PARA QUE RECIBIERA UNA BUENA EDUCACIÓN. DESPUÉS DE GRADUARSE, COMBATIÓ EN LA GUERRA MÉXICO-ESTADOS UNIDOS Y DESPUÉS OCUPÓ OTROS CARGOS DENTRO EL EJÉRCITO. PERO NO ESTABA FELIZ, EXTRAÑABA A SU FAMILIA. EMPEZÓ A BEBER Y RENUNCIÓ AL EJÉRCITO. DESPUÉS DE QUE COMENZÓ LA GUERRA CIVIL, SE ALISTÓ NUEVAMENTE EN EL EJÉRCITO. LA GUERRA CAMBIÓ A GRANT Y SACÓ A RELUCIR SU FORTALEZA. SU PRIMERA VICTORIA LLEGÓ CUANDO CAPTURÓ EL FUERTE DONELSON EN TENNESSEE, EN FEBRERO DE 1862. ESTA FUE TAMBIÉN LA PRIMERA GRAN VICTORIA PARA EL EJÉRCITO DE LA UNIÓN. DESPUÉS ATACÓ LA CIUDAD CONFEDERADA DE VICKSBURG, MISSISSIPPI, EN 1863. EN 1864, EL PRESIDENTE LINCOLN LO

ULYSSES S. GRANT

NOMBRÓ COMANDANTE DE TODOS LOS EJÉRCITOS DE LA UNIÓN, Y EL NORTE GANÓ LA GUERRA EN ABRIL DE 1865. EN LOS AÑOS POSTERIORES A LA GUERRA, GRANT FUE EL PRESIDENTE DEL PAÍS DURANTE DOS PERÍODOS, DESDE 1869 HASTA 1877.

El 2 de septiembre de 1864, el segundo comandante de Grant, general William T. Sherman, tomó Atlanta. El 16 de diciembre, el general unionista George H. Thomas derrotó al ejército confederado en Nashville, Tennessee.

En abril de 1865, la Confederación sufrió su mayor golpe hasta ese momento. La capital de los Estados Confederados, Richmond, cayó. El ejército de la Unión alzó la bandera estadounidense. Robert y su ejército huyeron hacia el oeste, al poblado de Amelia Court House, Virginia. Robert pensó que allí podrían encontrar los suministros que tanto necesitaban. Pero el ejército de la Unión había previsto esto. Robert estaba acorralado. ¿Qué podía hacer ahora?

Su decisión fue seguir moviéndose. Robert y sus hombres caminaban día y noche. Se encontraron con el ejército de la Unión cerca del pueblo de Appomattox Court House en Virginia. Débiles por el cansancio y la escasez de comida, los hombres de Robert entraron en combate. Al principio parecía que ellos serían los vencedores, pero esta fue otra derrota.

Estando en el campamento, a Robert le llegó una carta. Una carta de Ulysses S. Grant en la que le pedía a Robert que se rindiera. Una vez más, Robert estaba frente a una difícil decisión. Sin embargo, sabía lo que debía hacer. Era el momento de rendirse. "Supongo que no hay nada más que hacer que ir a ver al general Grant", le dijo Robert a un ayudante. "Y yo antes preferiría morir mil veces".

En la mañana del 9 de abril de 1865, Robert se puso el uniforme de gala gris del ejército confederado, se abotonó la camisa y tomó su larga espada y la puso en su vaina. Se puso las botas y su sombrero de fieltro gris. Después, cabalgó en Traveller para reunirse con Grant. "Si hoy he de convertirme en prisionero del general Grant", dijo, "intentaré mostrar mi mejor cara".

Pero Robert no fue hecho prisionero. Los dos generales se reunieron en una pequeña casa en el pueblo de Appomattox Court House. Se sentaron en una mesa y se miraron. Grant estaba vestido como un soldado, con una camisa azul y unas botas salpicadas de barro. Los dos hombres hablaron durante más de dos horas. Grant aceptó que todos los soldados confederados volvieran a sus casas y que pudieran conservar sus caballos y sus armas personales. Robert aceptó licenciar a su ejército y firmó un documento para la rendición. La guerra había terminado. La Confederación había perdido. Todos los estados que estaban en secesión ahora tenían que volver a la Unión. Justo como estaba antes de 1861, había de nuevo un solo país: Estados Unidos de América.

Robert regresó en su caballo a donde estaban sus hombres. "He hecho lo que pensé que era mejor para ustedes", le dijo a un grupo de soldados. "No tengo más palabras. Les deseo a todos ustedes salud y felicidad".

Al día siguiente, mientras caía la lluvia, Robert montó a Traveller y cabalgó hasta su casa en Richmond. Por el camino, miembros de su antiguo ejército se acercaban para saludarlo. Los aplausos resonaban, muestras de amor y respeto hacia el hombre que había sido su líder.

Capítulo 9
Los últimos años

Robert regresó a Richmond para reunirse con su familia. Fue un encuentro feliz, pero la familia Lee había perdido mucho durante la guerra. Ya no tenían su casa. Una hija, la nuera y dos nietos de Robert y Mary habían muerto. Además, Robert estaba enfermo. Tenía dolores en el pecho y

caminar era muy doloroso para él. Su familia no tenía dinero, así que Robert necesitaba un trabajo desesperadamente.

Entonces llegaron noticias que estremecieron a todo el país. El 14 de abril, el presidente Lincoln recibió un disparo. Murió a la mañana siguiente. Robert estaba sorprendido y triste. Andrew Johnson prestó juramento como presidente.

Los problemas personales de Robert continuaron.

ANDREW JOHNSON

Fue acusado de traición por el gobierno de Estados Unidos. Este delito grave significa que alguien no ha sido leal al gobierno y trató de destruirlo. Robert solicitó que se le retirara esta acusación. Él no quería ir a juicio ni terminar en la cárcel. Nadie estuvo de acuerdo con esto hasta que el general Grant intervino y ayudó a que los cargos de traición fueran retirados.

El próximo paso de Robert fue tratar de recuperar sus derechos como ciudadano de EE. UU que había perdido cuando se unió a la Confederación. Robert firmó un documento donde juraba lealtad a Estados Unidos y se lo envió al secretario de Estado. Desafortunadamente, la carta de Robert se perdió. Como nunca recibió una respuesta, Robert pensó que su solicitud de ciudadanía había sido denegada. Ese no fue el caso. ¡La carta no apareció hasta más de cien años después! En 1975, el Congreso de Estados Unidos aprobó una ley para devolverle a Robert su ciudadanía.

Robert sabía que tenía que continuar con su vida. Pero, ¿qué podría hacer? Enlistarse en el ejército era imposible. Quizás podría comprar un pedazo de tierra, pero la vida de granjero no era para él. Pensó incluso en escribir un libro sobre su rol en la Guerra Civil. Fue entonces cuando recibió una carta de la Universidad Washington en Lexington, Virginia.

¡La universidad quería que Robert fuera su director! La universidad era pequeña. El salario era apenas mil quinientos dólares al año. Aunque eso no era mucho dinero, Robert estaba honrado y sorprendido. Pensó que no era el hombre adecuado para ese trabajo. Sin embargo, él había dirigido una

UNIVERSIDAD WASHINGTON, LEXINGTON, VA

escuela antes: West Point. Robert lo pensó un poco más y aceptó.

En septiembre, Robert montó a Traveller hasta la Universidad Washington. La escuela solo tenía cuatro profesores y cuarenta estudiantes. Robert hizo un gran esfuerzo para ampliar y mejorar la escuela. Quería que los estudiantes fueran capaces de elegir sus clases y los animaba para que tomaran cursos de periodismo, ingeniería, latín y matemáticas. Robert sabía los nombres de muchos de los estudiantes y fue muy querido por todos.

Un año después de que Robert se incorporara a la Universidad Washington, se habían inscrito cuatrocientos estudiantes. Robert continuó haciendo mejoras, lo que le proporcionó una gran satisfacción. Pero a pesar de todo, no pudo dejar la guerra completamente atrás.

Muchas veces durante los años siguientes, Robert fue llamado a Washington. Le hacían preguntas sobre la Confederación; el gobierno quería levantar cargos contra Jefferson Davis.

Robert continuó trabajando arduamente como presidente de la universidad. Pero su salud iba empeorando y la de Mary también. Ya en el verano de 1868, a Robert le fue muy difícil montar a Traveller. Su cuerpo estaba adolorido y su corazón estaba débil.

Para marzo de 1870, Robert tuvo que tomar una licencia de la universidad. Necesitaba descansar.

En compañía de su hija Agnes, viajó por el Sur en tren. Multitudes de personas lo saludaban. Robert posaba para fotos y estrechaba manos, pero todo el tiempo se sentía enfermo y débil.

Cuando llegó el nuevo año escolar, Robert volvió a trabajar en la Universidad Washington. Ya para entonces solo podía caminar lentamente y sus hombros estaban caídos. El 28 de septiembre de 1870, perdió la habilidad de hablar.

Robert pasó la siguiente semana en cama, rodeado por sus familiares. A veces abría los ojos.

Cuando le hacían preguntas, él trataba de asentir con la cabeza. Pasaba dormido la mayor parte del tiempo. No quería medicinas ni comida.

El 12 de octubre de 1870, a las nueve y treinta de la mañana, Robert E. Lee murió.

Robert E. Lee fue soldado durante la mayor parte de su vida. Sin embargo, es importante recordar que odiaba la guerra. En una ocasión le escribió a Mary: "¡Qué cosa tan terrible es la guerra… separa y destruye familias y amigos, llena nuestros corazones de odio en vez de amor por nuestros vecinos, y devasta el bello rostro de este hermoso mundo!".

LÍNEA CRONOLÓGICA DE LA VIDA DE ROBERT E. LEE

1807 —Robert E. Lee nace el 19 de enero en Westmoreland County, Virginia.

1825 —Deja su hogar para asistir a la Academia Militar West Point.

1829 —Se gradúa como segundo en su clase de West Point.

1831 —Se casa con Mary Custis en la Casa Arlington.

1852 —Acepta el puesto de superintendente de West Point.

1855 —Se muda a Texas para servir como teniente coronel en la Segunda Caballería.

1859 —Participa en la detención de John Brown en su asalto a Harpers Ferry.

1861 —Se le ofrece comandar el ejército de la Unión, pero se niega. Renuncia al Ejército de Estados Unidos.

1862 —Se hace cargo del Ejército Confederado de Virginia del Norte.

1863 —El presidente Abraham Lincoln emite la Proclama de Emancipación, liberando a los esclavos de los estados confederados.
La batalla de Gettysburg marca una gran derrota para la Confederación.

1864 —Ulysses S. Grant toma el mando del ejército de la Unión.

1865 —El 9 de abril, se reúne con el General Ulysses S. Grant en Appomattox Court House para rendirse.
Se convierte en el director de la Universidad Washington, en Lexington, Virginia.

1870 —Muere el 12 de octubre.

LÍNEA CRONOLÓGICA DEL MUNDO

Se duplica el tamaño de Estados Unidos cuando Francia accede a vender la tierra de la Compra de Luisiana. — **1803**

Comienza el enfrentamiento entre Estados Unidos y Gran Bretaña en la Guerra de 1812. — **1812**

El Acuerdo de Missouri declara a Estados Unidos como territorio libre de esclavitud. — **1820**

México se convierte en una república y prohíbe la esclavitud. — **1824**

William Lloyd Garrison crea el periódico antiesclavista llamado *The Liberator*. — **1831**

Se prohíbe la esclavitud en todo el imperio británico. — **1833**

Texas se declara independiente de México. — **1836**

Estados Unidos le declara la guerra a México. — **1846**

El esclavo liberto Frederick Douglass crea un periódico antiesclavista llamado *The North Star*. — **1847**

Termina la guerra México–Estados Unidos. — **1848**

Harriet Tubman escapa hacia la libertad. — **1849**

Se publica *La cabaña del tío Tom* de Harriet Beecher Stowe. — **1851**

Fracasa el ataque del abolicionista John Brown en Harpers Ferry, Virginia. — **1859**

Abraham Lincoln es elegido el decimosexto presidente de Estados Unidos. — **1860**

Se forman los Estados Confederados de América. Estalla la Guerra Civil entre el Norte y el Sur. — **1861**

La 13.ª Enmienda de la Constitución de Estados Unidos pone fin a la esclavitud en Estados Unidos. — **1865**

La 15.ª Enmienda de la Constitución de Estados Unidos les da a los hombres de color el derecho a votar. — **1870**

Colección ¿Qué fue...? / ¿Qué es...?

El Álamo	La isla Ellis
La batalla de Gettysburg	La Marcha de Washington
El Día D	El Motín del Té
La Estatua de la Libertad	Pearl Harbor
La expedición de Lewis y Clark	Pompeya
La Fiebre del Oro	El Primer Día de Acción de Gracias
La Gran Depresión	El Tren Clandestino

Colección ¿Quién fue...? / ¿Quién es...?

Albert Einstein	La Madre Teresa
Alexander Graham Bell	Malala Yousafzai
Amelia Earhart	María Antonieta
Ana Frank	Marie Curie
Benjamín Franklin	Mark Twain
Betsy Ross	Nelson Mandela
Fernando de Magallanes	Paul Revere
Franklin Roosevelt	El rey Tut
Harriet Beecher Stowe	Robert E. Lee
Harriet Tubman	Roberto Clemente
Harry Houdini	Rosa Parks
Los hermanos Wright	Tomás Jefferson
Louis Armstrong	Woodrow Wilson